L'EDAT DEL TEMPS

Disseny: Ferran Fernández
Maquetació: Zaranda & Jo

ISBN: 978-84-125293-1-9

Dipòsit legal: GI-1302-2022
Impressió: Impremta Pagès

RAFAEL CASANOVA

L'EDAT DEL TEMPS

GORBS

PRÒLEG

Fa molt temps, entre classe i classe, dos docents, un als inicis de la carrera, l'altre amb més d'una dècada a l'esquena, de literatura l'un, de filosofia l'altre, plenament enamorats del que impartien, consideraven la possibilitat de veure junts un film que a França, quan per tot arreu la sida estava en boca de tothom, havia impactat, per bé que ací, passà molt més desapercebut: *Les nuits fauves* de Cyril Collard, un autor que moriria, a mitjans de la trentena, coincidint amb la publicació del llibre i l'eixida del film homònims. El primer portava una dedicatòria ben colpidora: «Als meus pares pels néts que no els donaré». Els anys han passat i el literat, que mentrestant ha consolidat una poètica pròpia —que és, crec, el màxim elogi que hom pot dir d'un creador— en més d'una ocasió ha demanat al col·lega que prologara alguns dels seus llibres. De poc ha servit adduir que els poemes se sostenien per si sols, que no necessitaven cap ajut. Clar que podria objectar-se que els pròlegs no es fan necessàriament per incentivar la lectura del que continua, sinó que cal aprofitar-los per dur a terme declaracions de fidelitat, d'amor i d'admiració. Si és així, accepte el repte.

El cas és que en aquesta nova fita d'un camí que —tal com s'ha dit— porta algú a fer-se poema, no sols a escriure'n, un dels motius que planen és, justament, el del fill que no serà. No importa si remet o no a l'antic intercanvi d'intencions en un institut un vespre qualsevol. Sí que és cert que en aquell temps jo, el filòsof, poetes en tractava pocs i pel poc que en sabia, hauria acceptat algunes de les raons de Gombrowicz contra ells. Aquest que tenia al davant, però, se n'apartava notablement: no era petulant, ni esquiu i encara amb trets propis d'adolescent, estava interessat per altres coses que ell mateix: estava interessat pel món! Agraïa tot el que li poguesses aportar, el notaves delerós per beure's la vida. (Qualsevol que conega mínimament l'ofici docent sap que poques coses com aquesta donen sentit a la seua vida!). Si de cas, era jo el que en aquesta ocasió no estava a l'altura, car havia cedit al corrent dominant de fondre en un sol significat: malditisme, dandysme i poesia, interessat, com no he deixat mai d'estar-ho, per la relació, que en un grau o altre sospitava inevitable, entre el mal, exercit sobre un mateix o sobre els altres, i la constitució de la mateixa personalitat, la constatació de la diferència insuperable que ens separa. Era aquest hàbit —pense avui: a causa d'una apreciació gens encertada— allò que m'empenyia a veure en ell un company per vorejar la costa salvatge de la vida. Avui, en canvi, si existira la categoria (i si no, igual cal introduir-la), no m'estaria de dir que estem davant d'un «Poeta de família», o «d'interior», «de càmera» si ho haguérem de dir en termes musicals. Això almenys crec que és el que es desprén d'imatges tan potents com «*Mobles sense pressa*», «*Casa sense queixa*».

Com a poeta, encara que en contra de cert tòpic no en tinguen l'exclusiva, cantava el dolor. Tampoc era estranya una innegable tendència a deixar-se arrossegar per les *passions tristes,* en el sentit pròpiament spinozià, és a dir: paralitzadores. Paral·lelament, hom reconeixia un delit en creixement (potser en això haja consistit el transcurs de la seua educació com a poeta!) per planta'ls cara. El seu no és el cas, només estètic, de qui és conscient que només el cant, mentre dura, fa el dolor mínimament suportable. La seua aposta és una altra. No és merament una puntual eixida que sap de les seues limitacions, per bé que en l'horitzó no en veu cap altra. Obeïx plenament a una ànsia de coneixement amb majúscules, encara que avui no majoritari i, qui sap, si ni tan sols vigent. Tal com he dit en altres ocasions —i això no sempre ha caigut bé!— hom el pot advertir en el tomb efectuat, des de fa molts anys, qui sap si des del principi, en l'obra de Casanova, en direcció al pensament. I, clar, aquest terme pot adoptar molts significats, que posen a qui gose usar-lo en una situació de vulnerabilitat extrema, contra les crítiques d'aquells que consideren inoportú el fet mateix de posar les idees a treballar i rendir, cosa que per principi consideren pedant, intel·lectualista, inactual sobretot. Per això, que per protegir-me (encara que tampoc amb massa esperances d'eixir-ne il·lés), ja posats, citaré Kant quan parla d'un «esforç, per bé que inútil, de l'ànim per adequar a ella [a la Raó, *Vernunft]* la representació continguda en els sentits.

Aquest esforç, seguit de no poder assolir les idees via la imaginació...» (KU, 29).

Més econòmic, però qui sap si més punyent i apte per arribar a una audiència més amplia, Casanova diu simplement: *«Jo vull estar alerta als meus sentits»*. I és que en parlar del poeta com a teòric, com a coneixedor, no ho faig en un sentit indeterminat, sinó ben precís. No ha arribat a ser qui és mentre tractava amb un objecte distant i indiferent. No ha temut apropiar-se d'antigues formes de soliloqui o introspecció, avui desacreditades des del punt de vista científic, però sempre vives com a recurs estètic (*«Escric per parlar amb mi mateix / [...] per donar-li un llavi al pensament»*) i, encara més, com a exercici de sinceritat extrema. Li aprofiten per assolir un grau de coneixement tan lúcid com desvinculat de particularitats, en què un vers rere l'altre és palés l'esforç per superar la pròpia perspectiva, l'estretor de l'angle immediat de visió. Si més no, el sentim meravellat per l'existència altri, més enllà de la seua pròpia, seduït per la Immensitat: *«l'antiga meravella dels sentits / [...] i és salut no ser indiferència»*.

Casanova fa del món una realitat on cada detall es revela eloqüent, mentre que l'ànima és escenari de trobada, camp on s'entrecreuen les fugues, l'empremta deixada per totes i cadascuna de les experiències: *«El goig que té la branca quan bressola la fulla / el plaer de ser pedra camí de la muntanya»*, *«Pots pensar-te en el temps que atarda la ciutat, / o formar part del verd que desprèn l'olivera.»*, *«La mirada d'un gos, profunda i desvalguda»*, *«la llum, tacte i roba de les coses»*, *«Discreta i serena t'acompanya la casa, / la matinada dormida de l'entorn»*, *«És dissabte en la casa, la notes més aletargada / com si una pàtina de temps traspassa els seus mobles...»*. Ara, probablement són els versos en què compareix el color blau aquells que s'acosten a la plenitud expressiva. Com també he defensat en altres ocasions, Casanova no és cap excepció pel que fa a la sinestèsia que, segons tots els teòrics, regeix, de manera explícita i contemporàniament, les relacions entre les arts i, molt particularment, entre pintura, poesia i música (pocs com aquest els llocs comuns de l'estètica contemporània, en què la tercera justifica les altres dues): *«banya't de blaus el cos»*, *«adagio de blaus en la mirada»*, *«Escoltar els colors que broten primavera»*, *«El blau que matina per a ser cel»*, *«adagios de blaus»*, *«en un atzar de blaus»*. Crec que no exagere si dic que, pel que fa a l'extracció de possibilitats expressives de *només* un color, Casanova pot ser comparat a Yves Klein en pintura.

En el llibre trobem confessions d'una sinceritat que és difícil que no desfonguen les resistències del lector inclinat al formalisme. Són només exemples: *«Ja no saps com ser home»*, *«Jo que tenia un nus en la paraula»*, sobretot a «Estranyeses»:

Em sent culpable, però no sé de què.
Hi ha dies que em vigile en eixir al carrer

Comence a vigilar-me, també l'expressió d'una idea.

tinc por de mi

Cada vegada més el món es distancia,
vigile i em vigile
[...] estrany en el meu cos

Ja no saps com ser home

Certament, com a tot ésser humà, ho reconega o no, emfatitze més o menys, en un moment o altre, el ronda el *dimoni blau* de l'atracció per la soledat i, fins i tot, de la misantropia com a experiència límit. Ara, igualment, com també és universalment reconegut, conserva tota la lucidesa per no ignorar que, malgrat conflictes i tensions, tota alegria té la seua deu en l'experiència de l'altre. Si ens acabem de referir a uns apunts, diguem-ne, amenaçadors, amb no menys força —per tal de ser completament honests— caldria confrontar-los amb altres de signe contrari, en què de forma tan corprenedora o més, crida a la complicitat d'uns ulls, al contacte d'una pell: *«la salut de voler trobar l'altre»*, *«la possibilitat d'una trobada humana»*, *«feliç de ser amic»*, *«I si hi passa un amic, / tinc ganes de parlar amb tot el cos / [...] i si hi passa un germà, / basta un silenci fàcil, fraternal»*, *«I la vida dels altres, / l'alegria dels altres que estimes en silenci*», «*La por a l'altre, la por a la vida*», «*Em sustenta l'amor que sent per les persones, / per la vida del temps*», «*Amb l'altre, és ètica la vida*», «*Perquè confie en l'altre, encara, / i és amb l'altre amb qui vull crear un llaç de vida*»... Probablement, aquesta contradicció entre temor i atracció de l'altre, parlant amb propietat i sense concessions, no siga res d'accidental —tal com hom pretendria des d'una mirada estrictament psicologista— respecte a la condició humana i al poeta, per sobre de qualsevol altra consideració, l'hauríem de prear en funció de la humilitat, i manca de pretensions, amb què se'ns dona i, qui sap, si fins i tot: s'exposa, al dit acusador.

En defensa seua, tal com he apuntat, hi ha la consolidació de tot un contingut de coneixement en què la gran conquesta és la d'un estat més enllà de la diferència entre dolor i plaer, tristesa i alegria, els vius i els morts (els versos dedicats a la memòria del pare s'hi adiuen de manera exemplar), sense en cap moment oblidar-la, sense negar la polaritat —això últim és de summa importància, al meu entendre. No hi ha en ell cap element que permeta pensar en sentit diferent, és a dir: com a experiència mística negativa i anihiladora de cadascun dels elements aparellats. Si hem de parlar de mística, cal fer-ho en sentit positiu i ple, propi de qui comprén allò que Vida significa, com a culminació d'una llarga i continuada disciplina, que, ni que siga contra tota lògica més o menys convencional, es nega a prescindir del coneixement, per dur que siga el seu contingut, ni, simultàniament, de l'alegria (no necessàriament eufòrica), per grans que siguen les forces que s'hi oposen.

Sempre fou un poeta d'idees, com a tals: relativament estables i destinades a la comunicació que té l'entesa com a fi. La impertorbabilitat aconseguida, al capdavall, és saviesa, de cap manera indiferència. Més encara: tal com les coses han anat al llarg del seu itinerari creador, diria, sense por a equivocar-me, que la solidaritat entre les primeres actuen d'eficaç conjur, el sol possible, contra la segona. En aquest sentit, la conclusió que s'imposa i dona sentit al conjunt d'idees nodrides de sensacions, bolcades al seu servei, es conté en expressions com «el plaer de ser temps» o l'acceptació valenta i incondicionada de voler-se *«hoste del temps»*, *«Em sustenta l'amor que sent per les persones, / per la vida del temps»*, *«la galeria profunda del temps i de la pell»*, *«La bellesa també pot ser el temps»*... El temps i l'altre —com ha dit algun filòsof de renom, al qual el verb de Casanova no té res a envejar. Res a veure, però, amb un estat d'ànim puntualment animós i que se sap destinat a ser esbandit per un altre d'oposat. La densitat i la complexitat de la lliçó han deixat solc, tan almenys com ho poden ser les vivències humanes destinades a niuar en nosaltres. *«Efímer, com tot el que dura, passa l'amor»* —qui rere aquest vers no veu un pas endavant respecte a dues coses ben difícils d'acordar: realitat i esperança?

Francesc Morató

DESHOME

L'AIRE DU la llum.

Un tel de pell t'acosta i et separa,
el món un altre dia.

El vel de la mirada,
l'aparició invisible d'allò que diuen vida.

Estranya i quotidiana.

Existeixes,
ho notes en el frec del sol i del silenci.

Els ulls que s'afinestren sobre el matí del cel.

El cos es desvetlla,
una duna de temps en el teu nom.

Ja no saps com ser home,
ni en quin lloc de la veu pronunciar els teus llavis.

Et queda la persona.

La identitat difusa de la brisa,

que du la llum i se l'emporta.

Et queda l'alegria de l'aigua en el seu riu.

Et queda ser amor sense nostàlgia.

Interiors

Perquè l'únic combat és sostenir la vida
Albert García, *El viatge d'allò que és dit*

Dolors Gibert

ESCRIT AL TEMPS

A la meua mare

AL FILL que no he tingut li deixe el temps.

La costa de la llum quan toca terra,
i l'aire s'il·lumina d'infinit.

Li deixe algun moment on la vida s'expressa,
els llavis de la mar en fer-se arena.

L'horabaixa del cel que es bressola colors.

Al fill que no he tingut li deixe un goig de viure,
el plaer de ser home i existència.

D'haver notat el sol en una brisa,
d'haver pujat muntanyes i mirades.

També li deixe un sentiment del món,
la bellesa de l'aigua al seu trapezi pluja,
paraules fraternals , ferides en la boca.

Un sentiment de lluita; modesta, inacabada.

Al fill que no he tingut li deixe l'alegria,
d'haver sigut un cos escrit en altres ulls.

De ser gust de la pell en altres mans.

Al pare que no soc li deixe dormida en una lluna,
la matinada líquida que el dia cristal·litza.
Soledat.

MAIG EN ELS ARBRES

De la mort només espere desmemòria.

Ni records de vida ni enyorança,
un infinit adormir-me en la natura.

I quedar-m'hi.

Serà com apagar els ulls en un dia de pluja,
i dur-me la remor de l'aigua en una brisa.

De la mort només espere haver viscut.

Dur-me el cos habitat, saber que he estimat,
i el pensament seré,

com les barques que tornen al seu port,
una horabaixa calma de colors.

Mentre la mort només confie en estar viu,
i que els sentits no deixen de sentir,

la bellesa d'un dia entre la llum.

Mentre la mort només confie a ser digne d'un altre,

portar la meua pell en una geografia de mirades.

I guardar per a mi, aquella llibertat darrera de la veu,
i dir, com en un somni, la llum que es difumina en el
silenci.

Feliç d'haver estat roba del temps i del teu nom.

FLASSADES

Hi ha pesos que no pesen,
un tacte de flassada entre les mans.

Potser no mitiga el fred intern,
però caldeja el cor en la llar de la nit.

Abriga els pensaments,
té la forma d'un cos en adormir-se.

Callen ulls i la pell es dissipa eternitat,
passa la matinada oculta en els seus somnis.

En un pont invisible, el temps transcorre en una vela.

Més tard, el sol desvetlla el món i la mirada,
sents l'estranya bellesa de la vida.

Eixes dunes del cel, eixe tacte de l'aigua i de la terra,
la llum provisional, un vel de l'existència.

I la flassada dorm la seua soledat,
és una arruga de la nit.

En la paraula tens la costa de la ment.

Els llavis són flassades d'intimitat I silenci,
però també expressió del goig i la trobada.

Has quedat en el sol a l'hora de la parla,
i el fred va dissipant-se en l'infinit d'un arbre.

TRANSFORMACIÓ DEL DOLOR

Uns pètals violetes encatifen el silenci,
són música de l'aire en els carrers.

Discret, t'enretires a la costa del teu cos,
com el sol s'endu la llum en una vela blava.

Has de tornar amb la mirada alta que no altiva,
poder mirar el món a l'altura d'un home.

Algú t'escolta, és un gest del seu cos quan amabilitza el dia,
generosa la veu que uneix boca i oïda.

He de tornar sense por ni vergonya,
i transformar la ràbia en calma creadora.

Descriure la bellesa del cel en l'olivera,
o com uns llavis d'aigua besen la transparència.

Jo que tenia un nus en la paraula,
notar eixe moment quan la parla es desplega.

I oralitza el silenci, com el guant diu el fred,
i té plaer per l'altre.

Després, en un racó del temps, trapezi en l'infinit,
guardar-me solitud sense tristesa.

Perquè he de tornar sense danys en el cor ni en les paraules,
i agrair a eixe algú la bellesa d'estar en les portes d'una alba.

ESTRANYESES

TAN ESTRANY,
com si el tempo del món estiguera pensat.

Com si l'entorn fos la pell d'una pel·lícula.

Em sent culpable, però no sé de què.
Hi ha dies que em vigile en eixir al carrer.

Comence a vigilar-me, també, l'expressió d'una idea.

Sent arrugues als sentits.

Comence a no intuir, ni a improvisar-me,
en un calaix del cor dese paraules.

Estranye l'espontània avinguda de les coses,
l'atzar d'una trobada,

la creació d'un dia.

Protectora i arbitrària, la vida autoritària;
me'n sent colònia i ombra.

Estranye la bellesa d'allò que està per nàixer,

la feliç coincidència de l'ull i de l'atzur.

Estranye el temps sense baranes.

Les llibertats les calle en el meu cos,
tinc por de mi.

LA LLUM DORMIDA

El pensament és invisible.

De tant en tant, s'expressa en els sentits,
una pell en la ment.

Acompanya els ulls, potser es fa mirada,
acompanya les mans, i potser es fa tacte.

A les nits, es fa llit del teu cos,
i acompanya les hores gitades en el cor.

El pensament, com un vel intangible de la vida,
com un entorn de dins que t'acompanya.

De vegades s'expressa en les paraules i es fa dir,
o il·lumina el silenci i es fa música.

En la muntanya, l'olfacte celebra els seus perfums,
el pensament els guarda companyia.

Potser l'últim recer d'intimitat,
potser l'últim recer de llibertat.

El pensament té gust a pluja assolellada.

I, quan s'adorm, excava en el meu cos,
pren la forma dels somnis.
I solta a l'infinit els llavis que no he dit,
i acompanya la nit, la llum dormida.

TARDOR

Llig el cel de setembre,
la seua llum afullada.

Brilla la música dels arbres,
i és feliç ser mirada enamorada.

La vida es fa misteri en els detalls.

Passa la pluja en un raïm de l'aigua,
remor a eternitat, ombra de l'aire.

A casa, escrius el temps que el cos sustenta,
la corba de l'edat, l'antiga meravella dels sentits.

Toques la pau del sol en la vesprada,
la remor dels colors al tacte dels teus ulls.

El cor, l'habitació del cos, batega pell,
i és salut no ser indiferència.

La prudència no és por, ni l'altre és el culpable.

La tardor dels teus llavis és vincle en la paraula.

Sembla que el món s'enclaustra en les pantalles,
que no serà senzill que ningú no et vigile.

La distància també pot ser amor.

GERMÀ

Al meu germà Ventura, amb agraïment i estima

LA PLUJA desperta la matinada,
una remor de l'aigua suspesa en una oïda.

Travessa, les flassades del temps,
eixe lloc indecís que habita en el teu cos.

La mirada, entornada a la llum que anuncia la finestra.

Imagines,
les voreres descalces de la nit,

els arbres silenciosos, vagament dormits en un fanal.

Amb el sabor caliu que fa el llençol que abriga,
penses el dia.

T'alegra la tornada del matí en un pardal,
un indici de salut en el teu cor.

Després,
la solitud es dissipa com un núvol.

I l'aigua es fa un espill i un llit per rebre el sol.

El meu amor, germà, com un eco dels anys en els teus ulls.

3-4-2021. SIRENES EN LA PELL

EN UNA sensació de desmuntatge , la vida avança.

Un devessall de petites coses,
escletxa el món comú.

Comences a sentir esquerdes al carrer,
la solitud social.

I d'ahí a la barbàrie, un fràgil pont de por,
la por a l'altre.

Les bastides de l'odi, les grues que vigilen.

Potser no me n'adone del que passa als meus ulls,
potser no deixa traça ni memòria.

Qui sap si els meus sentits han decidit callar.

Sirena del meu cos,
hi ha indicis de distància en el meu cor.

Una bretxa en els llavis; desconfie i no m'agrade.

De vegades, la nit et du la calma que no tens,

el pensament t'alerta la seua llunyania.

Potser estàs a temps de rescatar-te,
de preservar els vincles que un dia et feren món.

De teixir un amor amb un ram de paraules.

EL CEL EN UNA ESTANÇA

Hi ha dies ocults en el seu sol, el cel nevat.

Fa fred en la finestra i en el món, t'estàs a casa.

L'estança té la clama d'un dissabte a la vesprada,
res no succeeix però tot respira.

Al penja-robes, l'abric espera el cos,
i les parets són mapes de la llum.

Les coses descansen de ser coses,
i en un guant dels teus ulls passa l'amor.

Encens el foc del cor.

Estàs bé,
ho sents en la salut de voler trobar l'altre.

Et tapes una mica,
eixe frec invisible de la roba i el fred.

Amb la mirada pintes el paisatge d'un sostre.

També en el pensament tens una llar,

una casa en el temps, una porta en els llavis.

Amb la parla jo dic la vida de la llengua.

Neva la llum i el silenci és visible.

DESVETLLAMENT

M'AGRADA ESPERAR l'alba.

Discreta i serena t'acompanya la casa,
la matinada dormida de l'entorn.

La llum trapezia l'aire.

La mirada es desvetlla en adagios de blaus,
com si tornara el món en una ala del cel.

T'emociona el primer sol sobre la vida,
com llaura de silenci l'avinguda del dia.

I el matí,
la possibilitat d'una trobada humana.

El seu vincle d'amor en un estar comú.

La plaça de la veu,
algun eco de pell que expressa la persona.

T'agradava el tacte d'un color al teu rostre,
el verd que matinava en els llavis d'un arbre.

Escrivies els ulls en les petges del temps,
feliç de ser amic.

Espill del moviment, t'agrada l'aigua.

En el cos dus inscrites les vivències callades.

26-5-2006. UNA LÀPIDA (DEL LLATÍ: ESCRIT EN PEDRA)

A mon pare

Entre la llum violeta en la xicandra,
passege el migdia dels meus ulls.

Vaig a veure al pare que no hi és.

Potser un ritual, visitar una absència,
però m'agrada.

Acostar-me al lloc on el pare es feu terra,
i va donar al món el cos com a memòria.

M'agrada com el sol és eco de les branques.

Una pau invisible, la d'haver-te estimat,
la remor de les fulles són el raïm de l'aire.

Al cementiri, els carrers són arbredes d'infinits,
i el silenci florcix en les fotografies.

És real estar viu en els sentits,
que agraeixen al temps amor i coincidència.

A la làpida només queda el nom en una data,
i en el cant d'un ocell, queda el futur d'una ala.

Te'n tornes;
el pare ja fa anys que deixà de morir.

Ara habita presències d'amable recordança,
el dus amb tu, com el vel porta l'aire,
una capa invisible del cor i de la parla.
És sustent d'una infància.

Amb tu portes la vida del pare que no fores,
i el plaer de ser home de fraternal nissaga.

Amb tu portes el goig de ser llavi en paraula.

En les portes respiren la llum i la mirada.

Tu et quedes en la pedra, és duració del món,
inscrit està el teu nom, les lletres són de pluja.

Pare.

L'AVENIR D'UNA IL·LUSIÓ

HI HA dies que cal remar-los.

Remar la llum,
que vaja il·luminant la tardor de les coses.

Remar el temps,
que aquesta sensació de finitud es difumine espai.

Hi ha dies on parar-se,
i en la cornisa de la ment pensar la teua vida.

Qui sap, teixir amb la paraula l'avenir d'una il·lusió,
remar els ulls en l'infinit del cel, remar el vent.

Perquè hi ha dies que ja naixen ahir,
trobar motius que remen les paraules.

Remar la vida, que arribe al port del seu dia.

I, allí, remar la llacuna tranquil·la de la nit,
remar estrelles i ulls.

Remar la roba en la remor dels dits,
remar desig que l'amor desoculta.

Remar els somnis en la pau del teu cos.

I en l'aigua inacabada del seu nom,
remar ponts i Venècia.

Portes d'aigua

Preguntes què
mentre vas desmadeixant el temps
que va fent-te
Manel Rodríguez-Castelló, *Estranyament*

Giovanna Tonzanu

1-3-2020. AIRE

Enlaira els ulls en l'infinit de la mirada.

Passa un ocell; acompanya'l,
en el desert del cel descansa.

Arriba al mar, banya't de blaus el cos,
i el pensament.

Silencia la ment en una barca d'aigua.

I després torna amb la paraula brisa.

DESENCANT

Deixe els ulls en la branca d'un arbre,
que els ventile una fulla, que l'aire els acaricie.

I si hi canta un pardal, que desencante els dies.

Deixe la solitud penjada en la mirada,
que la verdege un tacte d'olivera.

I que el vent se l'emporte vesprada i albereda.

I si hi passa un amic,
tinc ganes de parlar amb tot el cos.

D'expressar amb un dir el gust que ens aproxima.

Perquè tinc fred,
a la llum del teu cor confesse un desencant.

L'hostilitat d'un món que humilia a qui bandeja.

I si hi passa un germà,
basta un silenci fèrtil, fraternal.

En els llavis dels dits deixe una pell.

I en la branca ressona la petja del seu cant.

LES COSES

Avui estàs sol i no sents soledat,
les coses també tenen edat i biografia,
desprenen una vida que acompanya.

La pàtina dels llocs que el temps habita.

La taula, el tacte dels teus dits en el poema,
el silenci dels mobles a l'hora de la sesta.

Les coses que dibuixen l'entorn de la mirada,
són l'eco de la casa en els teus ulls.

La cortina entra l'aire, vibra una planta,
i en un espill passa el sol de la vesprada.

Avui estàs sol però no tens solitud.

La finestra és un mapa de la llum,
i a les cadires ressonen les absències.

Al sofà dorm un gos sense pressa,
sembla una ombra estesa en la quietud.

Hi ha un respir ocult en les fotografies,
el pare que somriu per sempre més en un barret de palla.

Hi ha un armari en el cor per a guardar l'amor,
i una porta en la veu per celebrar-lo.
Hi ha coses sense tu, com un record de tu.

MIRARS

La remor de la pluja quan sembra la terra,
el silenci dels espills quan et toquen la pell.

Allò que ens mira i no té cap mirada.

L'ombra dels arbres i la vesprada de diumenge,
l'albereda del cel i les parets del cor.

Les finestres de casa en hores solitàries.

Allò que ens mira i ja ha sigut mirada,
les petges del teu cos en tot allò que feres.

L'encert i el desencert; el desig, la renúncia,
la pàtina d'uns ulls en la fotografia.

Avui he sigut feliç tres carrers i una plaça,
he passejat tranquil la costa de la llum.

La ciutat també mira, graffitis i semàfors,
suburbis i murals.

Estàtues del temps.

La mirada d'un gos, profunda i desvalguda,
en la pau del seu son.

Allò que veig i encara no és mirada,
la vida clandestina.

ALEGRIES

L'ALEGRIA ÉS profunda i no sempre visible.

És una pell del pensament que alimenta el seu cos,
un vel d'intimat, un adonar-se temps i geografia.

L'alegria és una resistència a la degradació,
una revolta humil, un amor a la vida sense estridència.

De vegades, s'expressa en els sentits,
i la llum és tacte i roba de les coses.

L'alegria és l'atzar dels núvols i la lluna,
la bellesa imprevista, la cadència del cel.

T'alegra quan escoltes l'acord de l'aire en una fulla,
t'alegra la mirada amb què toques el verd i l'olivera.

I t'agrada el carrer, senzilla llar del món.

Ara que tot sembla quedar-se digital,
l'alegria es trobar-se entre dos rostres.

Poder deixar una empremta en el cor.

L'alegria és saber estar trist en un dia de pluja.

I la vida dels altres,
l'alegria dels altres que estimes en silenci.

HOSTE DEL TEMPS

TAMBÉ EL pensament té els seus camins.

Saturat de tant de jo,
excursione la ment pels afores de l'aire.

El sol passeja el cel.

Respire allò que es desprèn sense saber-ho,
la textura de l'aigua en els meus ulls,
un verd antic en l'olivera,

les paraules amables que algú deixa en els llavis.

De vegades, em fatiga la vida,
però no desistisc de ser hoste del temps.

El pensament camina,
acompanya als sentits a l'ombra del silenci.

Tinc un cos que té moltes edats,
un celobert dels anys en la memòria.

Escolte la llum, és música del dia en la mirada.

Passege per la costa del meu cor.

I recupere un poc de jo,
a penes un batec d'amor entre la pell.

Camine el temps que em resta en un somriure.

ADAGIOS DE LA LLUM

En les notes tranquil·les d'un piano,
transcorre la vesprada.

Són com fulles de llum i roba del silenci.

En la calma estesa dels meus ulls,
transcórrec llunyania.

Com si, de sobte, els llocs hagueren envellit,
i nosaltres amb ells.

Com si el temps tinguera arrugues al matí.

Pense en l'aigua com nada en el seu riu,
en l'aire, com respira en els arbres,

pense en el brot d'un pètal color llavi.

Serà difícil tornar a l'alegria,
hi ha un setge al pensament com llibertat.

Però el cos persevera en ser persona,
s'emociona, estima.

Confia.

I en el gest d'unes mans,
escolta artesanies de la vida.

El cel, un adagio de blaus en la mirada.

SON

DESCANSE EN el meu ser.

Carícia de la ment, un sentiment d'amor,
travessa el pensament.

I s'estén en la pell com un llençol del cor.

Calmes, les aigües dels teus llavis,
són paraules que remen els silencis.

Descanse els sentits en una idea.

Escoltar els colors que broten primavera,
viure tranquil en l'home que em sustenta.

Tinc son,
els sentits s'atenuen en les portes del cos.

La solitud del rostre en el coixí,
la llum que calla.

Potser passe algun somni.

En adormir-te,
recordes com t'agrada la vida que comença.

Quedem en algun lloc a mig camí del temps.

SI

SI AMB l'aire

t'arriba una carícia de la llum,

soc jo.

El pensament té llavis.

Si amb els ulls,
el silenci s'il·lumina solitud,

soc jo.

Si amb les paraules t'arriba companyia,
són per a tu.

En la bústia del temps deixe el meu cor,
una fulla de pell en la intempèrie.

Si en la nit del teu cos s'adorm la pau,
soc jo,

que t'estime i et pense llibertat.

Si amb el matí t'arriba un goig de viure,
és la salut petita i resistent,

la tija de la ment.

INDICIS

El blau que matina per a ser cel.

El que comença,
i encara no està dit ni està previst.

L'arbre es desvetlla per ser verdor de l'alba.

La il·lusió de no saber-ho tot,
d'estar desinformat dels teus ulls de matí.

L'inici que inaugura el dia i el teu cos,
el que comença i té la seua edat.

Però, també,
els indicis d'un món autoritari.

La llum emmordassada.

La por a l'altre, por a la vida,
un temps que delata intimitats.

El que comença,
allò que teix futur i aire lliure.

Allò que aproxima i no envaeix.

I dura,
i s'atarda en el cor com un amor en vela.
La nit que s'il·lumina per ser port i partença d'un indici.

LA SERENOR DEL TEMPS

Tanque els ulls,
i una brisa de vida m'assolella el pensament.

M'adorm en la calma estesa de la nit,
i el silenci embena la mirada.

Ecos de llavi en la penombra, arriben veus amigues,
duen rams de paraules, són estima i biografia.

Somnies l'alegria de la llum en el cel,
la galeria profunda del temps i de la pell.

A fora tot espera, se celebra demora.

El goig que té la branca quan bressola la fulla,
el plaer de ser pedra camí de la muntanya,

els carrers que es dilaten a l'hora del capvespre.

Òbric els ulls,
i tot reapareix en vels de placidesa.

La remor del sol en la paret, la porta del matí,
l'aigua que brilla en les dunes del mar.

El propi cos, guant de la ment,
que es demora en el gust de desvetllar-se amic en el teu
nom.

LA NIT DORMIDA

ON DEIXARES la nit comença el matí.

Recordes vagament com tot es va callar,
els colors en les coses, les remors en el vent,

la pell en el seu cos.

Recordes les imatges que et varen dur al somni,
difuses, distanciades, un deix de llibertat.

Després, el temps reapareix.

El sol vesteix de llum el cel i la finestra,
patina arbres i carrers.

Desvetlla els ulls al món.

Un altre dia, reapareix la vida,
que anit vares deixar dormida en la mirada.

TEL DE PELL

L'aire du la llum.

Un tel de pell t'acosta i et separa,
el món un altre dia.

El vel de la mirada,
l'aparició invisible d'allò que diuen vida.

Estranya i quotidiana.

Existeixes,
ho notes en el frec del sol i del silenci.

Els ulls que s'afinestren sobre el matí del cel.

El cos es desvetlla,
una duna de temps en el teu nom.

Ja no saps com ser home,
ni en quin lloc de la veu pronunciar els teus llavis.

Et queda la persona.

La identitat difusa de la brisa,
que du la llum i se l'emporta.

Et queda l'alegria de l'aigua en el seu riu.

Et queda ser amor sense nostàlgia.

GEOGRAFIA D'UN ENYOR

Hi ha instants que no moren,
potser no varen nàixer.

I es queden,
en les pupil·les de la pell.

El sol patina un llac, brilla l'aigua.

En el cel,
la llum és una barca del migdia.

Són moments sense temps.

En l'aire,
passa la veu d'un amic.

Que oblida el seu braç,
sobre el meu muscle.

En el vent reverbera el silenci,
i les fulles s'encenen en els arbres.

T'adones d'un instant, efímer i infinit,
també passa la vida en el teu cos.

Estranyaràs no estar en un atzar de blaus,
quan el dia es fa costa en els teus ulls.

T'estranyarà no estar en l'edat de la terra.

15-3-2020

Mira, avui els carrers són ecos de petjades.

No hi ha ulls per als arbres,
i el cel és un desert en la mirada.

Nota el silenci estrany de la llum sense ulls.

Ara que el temps és un lloc.

La casa,
les finestres com ales dels sentits.

El balcó, una porta d'aire en les façanes.

I si la casa és llar,
l'atmosfera tranquil·la de mobles sense pressa.

El murmuri del sol en plantes i parets.

Idee un pensament, l'imagine;
l'estança del meu cos junts als llavis del mar.

Note l'atzur de l'aigua, el fresseig del seu nom.

La llibertat no és òbvia; accepte aquest segrest.

Em quede a casa, és la pell de tant món a la intempèrie.

Els afores de la llum

[…] a defender el vacío que debe custodiarse en toda democracia, donde ningún contenido natural —ya sea étnico, sexual o religioso— puede invadir la neutralidad necesaria para dar amparo, justamente, a nuestra pluralidad.
HANNA ARENDT, *La pluralidad del mundo*

Carles B. Gorbs

9-3-2020. TRAPEZIS EN LA VEU

Cada vegada més el món es distancia,
vigile i em vigile.

Potser que siga jo, estrany en el meu cos,
que me n'allunye.

Al fons de la finestra,
abril habita antenes i silencis,

i una gavina estranya descansa en les terrasses.

Hi ha cotxes amb sirenes patrullant la mirada.

Jo vull estar alerta als meus sentits;
a la remor del cel en una estrella,
a la llum que fa el sol quan toca un arbre.

I pensar sense por si algú m'està mentint,
i saber amb la por, què està passant a l'Àfrica.

Jo no vull delatar ni delatar-me,
no soc botxí ni heroi.

Vull preservar de mi la intimitat d'un àmbit,
compartir solituds.

La veu, la pell de la paraula en una boca,
els llavis com trapezis de l'amor.
Per ara.

TEMPS I LLOCS

El temps també pot ser un paisatge.

Al davant,
hi ha una vesprada d'hivern que no té urgència.

Pots pensar-te amb el sol que atarda la ciutat,
o formar part del verd que es desprèn olivera.

No la immobilitat,
sinó el lleu moviment de l'aire en un ocell.

La llum com melodia del silenci.

Podràs pintar paraules que animen la vesprada,
la paraula *alegria* en la rama d'un llavi.

També els llocs tenen la seua edat,
la serenor dels anys que no tenen retorn.

La pàtina del vent sobre la pedra.

Al davant, els colors patinen sobre el cel,
i el carrer s'aduna en l'horabaixa.

Hi pots posar una mirada,
una vela d'amor i biografia,

la llum com a geografia dels teus ulls.

En la rama d'un dia veuràs passar la vida.

AVUI SERÀ DISSABTE TOT EL DIA

Alt i lent, el sol és heura en la paret.

La setmana descansa al seu dissabte,
és l'hora en què la llum s'acortina en el llit.

El mòbil dorm, les antenes murmuren el seu cel,
callen pantalles i teclats la seua solitud.

És dissabte en la casa, la notes més aletargada,
com si una pàtina de temps traspassara els seus mobles,
també tu descanses la setmana en el teu cos.

Obris la ment, que el vent del pensament et porte una
cadència d'alegria,
i s'enduga a l'oblit allò que t'ha ferit i no et pertany.

Avui és dissabte, ho notes en els arbres que dilaten el verd,
i en un estrany estar on els carrers s'enllacen.

Et va quedant més temps, però els llocs romanen,
qui sap si no han crescut amb les vivències.

Qui sap si tot no és tornar als llocs de la latència,
l'aigua en la font, en la branca la fruita,

els colors en els llavis de la nit.

Avui serà dissabte en les estrelles,
ho notes en el ritme del cel sobre el silenci.
Alta i serena, la lluna t'il·lumina la mirada,
i jo, que tinc l'edat que té la meua pell, estimaré la vida.

VINCLES

Demore en l'arbre la mirada; tinc temps.

Al tacte de l'aire i de la fulla,
la llum verdeja.

I el rostre celebra la brisa de la cara.

A casa, habite l'estança desperta del meu cos.

Tinc temps; hi dialogue, com el sol matisa el cel,
i l'aigua és llavi de la pluja.

Vincles.

Des de la solitud d'una finestra,
no oblide llocs, ni dies ni somriures.

Ni l'aroma d'abril en els pètals del vent.

Tinc una casa sense queixa.

I un estrany sentiment en la intempèrie;
d'aquells que deambulen als seus ulls,

d'aquells que van a perdre el que no tenen.

Estic en l'arbre i la finestra,
eixa pell de la llum que acosta i enamora.
I estaré en els carrers, com un vincle del món i la persona.

EL PLAER DE SER TEMPS

La superfície és profunda.

Mira l'entorn.

És real, la llum que besa el cel.

Com és real, el rostre en la mirada,
el cos que la sustenta.

És profund estar viu,
en el vel d'una pell.

Illes d'aigua,
la pluja s'entela en els meus ulls.

M'emocione silenci.

És la mirada,
una forma d'amor per l'existència.

És entranyable el sol en un carrer,
la ciutat que es musica d'anades i vingudes.

L’entorn de la paraula, la boca a punt de llavi.
la consciència del gust de parar-se vesprada.

1-O-2017

Idea una mirada.

Banya-la amb cos, i amor.

Un bes de la tardor en una fulla.

En la calma malva que du l'alba,
algú vetlla una urna.

Buida.

La rosada és eco de la terra.

No oblidaré els meus ulls,
és la forma que tinc de ser una ala.

LA MEUA GERMANA

Il mio maestro mi insegnò come è difficile
trobare l'alba dentro l'imbrunire
F. Battiato

Hi ha dies en què tot tendiria a declinar-se,
llavors, és moment que la ment escriga el cos.

Pensa en el que tens i mai has posseït.

La salut dels teus ulls quan mires l'horabaixa,
i el sol s'encalma temps als seus cercles de llum.

Potser també sigues mirada d'algun altre,
tacte d'un pensament que et recorda en l'absència.

Tens el gust per la vida, persones que t'estimen,
no ho desdenyes.

També tens llocs que no són teus,
la nit en una estrella i l'alba en la remor de cels que matinen.

Sí, hi ha dies en què tot tendiria a declinar-se, però no,
és el moment on la ment vesteix el cos, i l'alimenta.

En la foscor brillen les ombres, en el silenci la música és
rosada.

Espera, assaboreix el tempo d'allò que ocorre,
el verd en l'olivera, una rama de l'aire en el carrer.

Imagina't en l'aigua que flueix el ser aigua.

Tens una pell i un cor per a expressar-la.
no oblides pronunciar els noms amb qui tu estimes.

L'EDAT DE L'AIRE

L'aire es fa jove en la tardor.

Cap al tard,
du fragàncies de colors en la verema.

És un gust estar viu per a sentir-lo.

El raïm de la llum entre les branques,
i les fulles dels ulls en les voreres.

És un goig existir per a notar,
l'edat de les tardor en els seus cels.

Mare,
com ha passat el temps en el teu cos.

Tardoreja la nit en la mirada,
titil·len arbres i fanals.

Els llocs són una brisa de setembre.

Mare,
no perdes mai el teu plaer de viure.

Em calfreda ser fill en el teu rostre.

SUSTENT

ESCRIC PER parlar amb mi mateix,
i no oblidar tot allò que em sustenta.

Hi ha aliments que esperen al rebost,
si òbric les aixetes, raja l'aigua,

contenta de ser aigua.

Hi ha dos balcons que donen al llevant,
per on el sol matina i il·lumina el silenci.

Em sustenta l'amor que sent per les persones,
per la vida del temps.

A les parets, el cel va demorant-se, com un mapa del dia.

Hi ha la roba que vesteix el meu cor,
i calaixos de llum en la memòria.

Tinc un sostre on la pluja és espill de la intempèrie.

També hi ha una porta amb entrades i amb eixides,
i que dona als carrers on el món succeeix.

Escric per donar-li un llavi al pensament.

Em sustenta mirar com l'olivera verdeja una mirada,
escoltar en el vent els colors de la terra.

Hi ha dues finestres d'aire en els teus ulls, et sustenta
alegria.

AMB

AMB LA darrera onada l'aigua arriba al seu port,
i es fa costa del mar.

Després, s'enretira, s'endu l'aire banyat.

Amb la paraula el pensament és plàstic,
dubta, s'ondula, fa cercles en la ment,

s'enretira expressió d'alguna idea,
i teix el món de veus.

Amb el cos, la pell es fa persona,
no importa identitat ni passaport.

Amb el far, el cel gira la llum,
és un silenci blau que encercla solituds.

Passe els ulls per les dunes del temps,
fotografie el cor amb la mirada,

amb el vent, el sol il·lumina el moviment.

Amb l'altre, és ètica la vida.

Els llocs del temps

Esta música, ahora,
te certifica que la vida
fue siempre un poco menos
de lo que pudo,
pero que luego es mucho más
de lo que parecía.
CÉSAR SIMÓN, *Extravío.*

Jesús Moreno

CARTA AL VENT

Avui, la paraula cel porta tristesa.

Té aquell color gris que esmorteïx els ulls,
el temps sembla embenat.

L'esperit ha d'esforçar-se en no decaure.

Dies de pluja m'han amarat l'ànim,
la soledat naufraga.

No em conforme, però, amb la indolència,
mire com creix, oculta, la forma autoritària,
i com les relacions s'adormen en les xarxes.

És líric el moment quan el sol torna als arbres,
i escampa un verd abril per les capçades.

La llum sembla una fruita en la mirada,
la llum, la música de l'aire en el teu cos.

Escric al vent, són paraules com fulles que volen dur amor.

Perquè confie en l'altre, encara,
i és amb l'altre amb qui vull crear un llaç de vida.

Sí, eixa vida que afirma l'alegria,
que brota imprevisible en el gust del matí,
quan la ciutat anuncia els terrats i els carrers.
I tu estaràs allí, en el cel d'un ocell, perquè eres vida.

BRISES

T'HAS ATURAT enmig de la brisa, l'has mirada,
tenia la textura de l'aire i de la pell.

Has respirat els ulls en un somriure.

Era com si el temps passara en el teu rostre,
i t'has sentit amat per res.

Fosquejava,
i l'airina portava la vela emblavida de la terra.

Era llit dels colors.

Si no feliç, sí que has notat el cos tocat de vida.

La brisa, la lentitud del vent, carícia del seu pas.

Després, has passejat la costa de la nit,
quan la ciutat estiueja als seus carrers.

I l'airina il·lumina els arbres i els fanals.

Has caminat el cel amb la mirada per a escoltar la llum.

T'has parat en un calfred del pensament a recordar demà,
i t'ha agradat la idea de futur.

Al matí, la pluja era brisa de l'aigua.

I estaves tu.

L'ESPERIT

Al meu alumnat de l'IES Juan de Garay

L'ÀNIM,
la nòria del temps en un dia de cel.

Des d'un amor estrany,
avui sents la presència de l'entorn.

Un perfil de la vida en les coses senzilles.

Brilla la pell al tacte de la brisa,
i el cos besat és vel d'una carícia.

Goig i plaer, desànim i tristesa,
els sentits són espills dels pensaments.

La mirada que flota, duna de l'aire,
el gust que escota els llavis,

l'olor que memoritza el pas dels llocs.

L'ànim, aquell estat del cor que la veu tradueix.

De vegades,
paraula assolellada en boca i alegria,
de vegades, paraula que és ombra d'un silenci.

I mentrestant, la costa del món que roda en l'infinit,
les mans, la seua història i lluita.

I, si és, que serà l'esperit d'una persona?

2-5-2020. GIOVANNA

Parle de les coses que naixen amb mi,
i que calle en el cos.

Parlaria de l'aire que embarca la llum.

D'aquell silenci malva en la vela d'una alba,
que il·lumina la terra.

Parla'm de tu, si vols,
dels llavis que pronuncien la teua pell de dona.

Del que et queda en els ulls quan tornes de la nit.

La nostra soledat és companyia.

M'agrada pronunciar paraules que són ecos,
que en evocar-les duen la presència del món.

Avui diria mar i dunes d'aigua,
i campanes de sol anunciant la ciutat.

Parle de tu,
de l'amor als teus dies, de la llar del teu nom.

Parle de mi,
del pare sense fill, del fill sense pare.

Avui diria maig i primaveres lliures.

LA SERENOR DEL TEMPS

Tanque els ulls,
i una brisa de vida m'assolella el pensament.

M'adorm en la calma estesa de la nit,
i el silenci embena la mirada.

Ecos de llavi en la penombra, arriben veus amigues,
duen rams de paraules, són estima i biografia.

Somnies l'alegria de la llum en el cel,
la galeria profunda del temps i de la pell.

A fora tot espera, se celebra demora.

El goig que té la branca quan bressola la fulla,
el plaer de ser pedra camí de la muntanya,

els carrers que es dilaten a l'hora del capvespre.

Òbric els ulls,
i tot reapareix en vels de placidesa.

La remor del sol en la paret, la porta del matí,
l'aigua que brilla en les dunes del mar.

El propi cos, guant de la ment,
que es demora en el gust de desvetllar-se amic en el teu nom.

REFUGIS

T'ESTÀS A casa i no fas res,
feliç de res.

La gronxadora bressola la vesprada.

Mires la pluja que banya el cel,
la seua llum en blanc i negre.

Els seus carrers on reverbera l'aigua.

Descanses.

Les coses expressen el seu ser;
la cortina el seu aire,
el sostre el seu recer,

el flexo aquella llar petita en una taula.

El temps passa i està,
una arruga en els ulls, una esquerda en el món.

En algun lloc naufraga un ser humà,
i una barca és refugi de la pluja.

El silenci també és intempèrie.

La gronxadora cessa.

DIVENDRES

La cadència dels ulls un divendres de vesprada.

No fer res sinó estar, tranquil, en un racó del cos,
i, allí, assaborir el pas del temps en la mirada.

Imaginar un riu camí del mar,
i veure com la llum aduna l'aigua i l'acompanya.

I tu amb ella; també eres costa de la llum.

Notar la pau del cel en el sol que s'atarda,
i sentir que estàs viu, en el batec d'una au en el seu vol.

Ser divendres de vesprada,
parar-te en la cornisa de la pell i reposar el món.

Gaudir del tempo que brilla en l'horitzó,
de la casa que habites, és guant de la memòria.

Recordes les presències.

I si algú t'invita a la trobada,
portaràs el llavi en un somriure, la soledat descalça.

Serà feliç mirar la teua veu,
i sentir com s'embarca la nit en les estrelles.

Saber que demà serà dissabte en tots els arbres.

15-8-2021. SOLEDAT

Estàs a casa, sol.

Què és tot açò?
Et preguntes amb pluja en les paraules.

Passa de llarg el cel en els seus núvols.

Estranya, la llum banyada del crepuscle,
ecos de l'aigua en un color espill.

T'adones de la vida, i encara et meravella.

Els llocs, aquells espais habitats per la vivència,
el temps, aquella sensació de cos i devenir.

Efímer, com tot allò que dura, passa l'amor.

La bellesa de l'aire és el seu moviment,
aquell ondulament dels ulls sobre la terra.

T'agrada viure,
ho notes en els llavis quan pronuncies les coses.

Xicandra, sol, abril. La pell, el seu matí.

Potser, la soledat també siga una edat,
aquell moment del cor que es fa silenci.

T'espere en el sopar,
una taula de mans en dos mirades.

PLOU EN LA MIRADA

PLOU EN la mirada,
una llum d'aigua que flota el seu silenci.

Avui em quede en la costa del meu cos.

Els ulls tranquils,
com barques de l'aire que travessen la vesprada.

Sent fred en el meu cor, com si nevara temps,
avui estic soledat.

Jo sé que passarà,
que un núvol s'endurà la tristesa del cel.

Mentrestant, encenc el foc de la memòria,
recorde i imagine des d'un instant del món.

Jo no sé si sé amar i confie en l'amor,
aquell estar del ser sense pressa ni amo.

Bellesa d'unes mans, la veu d'una carícia.

S'encenen els fanals, il·luminen la pluja,
en els llavis dels arbres brillen les fulles.

Els carrers són la música de l'aire.

Fa fred en les estrelles.

Quedarem algun dia a l'hora del sol entre dos rostres.

L'EDAT DEL TEMPS

De tant en tant,
encara pense en el fill que no vaig tindre.

És un pensament fugaç sense dolor,
com la pluja en un somni, com un raïm d'aigua.

Alguna volta encara imagine el pare que no soc.

És una imatge efímera, sense dolor,
com la l'aire que esllavissa la vesprada,

i acaba en el silenci del seu sol.

Després, et mire en els dies de la casa,
i és amor el que sent, la teua vida.

Després, passa el cel en un núvol,
mire l'edat del temps,

i sí, sent una petita nostàlgia pel futur,
sense tristesa.

De vegades,
soc un home que oscil·la en un trapezi d'ànims,

i acaba en la quietud de la llum i l'acàcia.

EN UN TREN
(Sardenya, hivern del 2019)

L'ESPLENDOR DEL migdia sobre el mar,
llum i aigua.

Un tren.

Per un moment, en la destinació era el sentit.
la quietud del sol en una finestreta,

El camp ondula els ulls, admires estar viu.

Una estació.

Com si el temps es parara en un rellotge,
la lentitud dels llocs,

per a estimar-los.

I seguir, la joventut de l'aire i els anys de la mirada.

I no arribar del tot,
quedar-te mentre passes, com una edat d'amor.

El cos en una andana, a prop de l'infinit.

MALENCONIA PEL FUTUR

PLOU UN diumenge la seua vesprada,
i un pensament s'adorm en la finestra.
Què seria pensar?

Des del llit de la ment,
escolte les petges de l'aire entre la pluja,
que en passar s'esvaneixen com llum d'aigua.

I sent malenconia pel futur de la vida.

M'agrada imaginar com torna abril,
com brota en els arbres i en el cel,

la llum en flor.

I sí, tinc por de l'avenir, el món en un refugi,
les persones supèrflues.

Tinc por de vigilar, de vigilar-me.

Endreces

20-4-2022

Al meu amic Albert del Toro

VALÈNCIA, ES fa de nit en els fanals,
a Cadis, encara el sol demora la badia.

La llum enllaça el temps de la distància.

En el poema, també es dilata la paraula,
espera a ser llegida en altres ulls.

Mai no hem estat amics d'efusions excessives,
només t'escric per fer-nos companyia.

Ací, abril plou el seu nom en les voreres,
i el cel és una rama en la vesprada.

Recorde, com de pas, el teu braç al meu muscle,
hi ha gestos que perduren, són la veu d'altre cos.

De l'avió recorde la suspensió de l'aire i la tristesa,
i un crepuscle de núvols en la costa del silenci.

Quina part de mirada habita en la bellesa?

Amb la pluja t'envie els trapezis de l'aigua.

Amic, t'espere en eixe lloc que l'edat ens atorga,
un eco de la infància, un gust per l'avenir.

Mentrestant, tinc aquesta fotografia dels meus dits.

16-4-2022

A Lucrècia

ME'N TORNE.

Et deixe un ram de sol en la mirada,
als llavis la brisa del teu nom.

En el coixí, a prop del cor,
et deixe una carícia en un somriure.

Me'n torne,
a la finestra tens un pensament d'amic,
i un blau de mar que ondula la cortina.

Ens veurem, en les places del dia,
hi haurà una llum de color aigua,

i una duna de cel color a temps.

Me'n vaig,
et deixe estes paraules al capçal del teu llit.

Me'n duc aquesta sort d'estimar una amiga.

ÍNDEX

Pròleg 7
Deshome 15
INTERIORS 17
Escrit al temps 19
Maig en els arbres 21
Flassades 23
Transformació del dolor 25
Estranyeses 27
La llum dormida 29
Tardor 31
Germà 33
3-4-2021. Sirenes en la pell 35
El cel en una estança 37
Desvetllament 39
26-5-2006. Una làpida (del llatí: escrit en pedra) 41
L'avenir d'una il·lusió 43
PORTES D'AIGUA 45
1-3-2020. Aire 47
Desencant 48
Les coses 50
Mirars 52
Alegries 54
Hoste del temps 56
Adagios de la llum 58

Son 60
Si 62
Indicis 64
La serenor del temps 66
La nit dormida 68
Tel de pell 69
Geografia d'un enyor 71
15-3-2020 73
ELS AFORES DE LA LLUM 75
9-3-2020. Trapezis en la veu 77
Temps i llocs 79
Avui serà dissabte tot el dia 81
Vincles 83
El plaer de ser temps 85
1-O-2017 87
La meua germana 88
L'edat de l'aire 90
Sustent 92
Amb 94
ELS LLOCS DEL TEMPS 95
Carta al vent 97
Brises 99
L'esperit 101
2-5-2020. Giovanna 103
La serenor del temps 105
Refugis 107
Divendres 109

15-8-2021. Soledat 111
Plou en la mirada 113
L'edat del temps 115
En un tren 117
Malenconia pel futur 118
ENDRECES 119
20-4-2022 121
16-4-2022 123